숙제 - 31장
예습: 211, 215쪽
문제: 2, 3, 12, 15, 18, 22~26번
*수요일까지

추가 점수

다음과 같은 조건으로
로켓의 궤도를 계산하시오.

(A) 달로 간다.
(B) 우주에서 직선으로 간다.

로켓은 몇 시에 달에 도착할까요?

출발 시각: 오전 6시
속도: 시속 25,000마일

더 자세한 내용은 216쪽을 참고하세요.

문제 2

아래의 식을 그래프로 나타내시오.

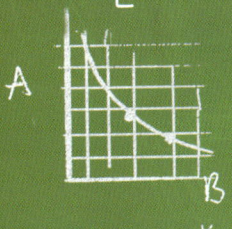

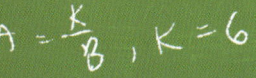

$A = \dfrac{K}{B}, K = 6$

$x = x_0 + v_0 t + \dfrac{1}{2} at^2$

$x_0 = 3m, v_0 = 4\dfrac{m}{s}, a = 2\dfrac{m}{s^2},$
$t = 2s$

$x = 3m + \left(4\dfrac{m}{s}\right)(2s)$
$\quad + \dfrac{1}{2}\left(2\dfrac{m}{s^2}\right)(2s)^2$

$= 3m + 8m + 4m = 15\,m$

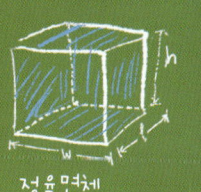
정육면체

직육면체

$\rho = mv$
$m = 3kg \quad v = 4\dfrac{m}{s}$
$\rho = 12\,kg \cdot \dfrac{m}{s}$

$F = ma$
$F = (3\,kg)\left(4\dfrac{m}{s^2}\right)$
$= 12\,N$

곡선 안의 넓이

원의 둘레 $= 2\pi r$
원의 넓이 $= \pi r^2$

넓이의 어림값 $= \dfrac{2}{3} BH$

넓이 $= \displaystyle\int_a^b f(x)\,dx$

$6 - 4(-2 - x) = 5x$
$6 + 8 + 4x = 5x$
$14 = x$

$\begin{bmatrix} 2 & 3 & 1 \\ 3 & -1 & -3 \\ 1 & 2 & 1 \end{bmatrix} \begin{bmatrix} x \\ y \\ z \end{bmatrix} = \begin{bmatrix} 7 \\ 4 \\ 1 \end{bmatrix}$

수학 수업이 💖 등!!

캐서린이 풀었음

글 헬레인 베커
캐나다 온타리오주 토론토에 살고 있으며, 많은 어린이책에 글을 썼습니다.
쓴 책으로는 《그래프를 만든 괴짜》, 《우리는 언제나 책을 읽을 수 있어요》, 《몬스터 사이언스》, 《과학 실험 교과서》 등이 있습니다.
《캐서린은 어떻게 아폴로 13호를 구했을까?》는 헬레인 베커가
캐서린 존슨과 그의 가족을 인터뷰한 내용으로 만들었으며, 공식적으로 인정받았습니다.

그림 도우 푸미루크
가족과 함께 미국 콜로라도주에 살고 있으며, 예술에 열정이 넘치는 소아 청소년과 의사이기도 합니다.
《마야 린: 빛과 선의 건축가》로 아마존 올해 최고의 책과
미국과학교사협회(NSTA) 올해 최고의 STEM책, 미국도서관협회 주니어 도서관 길드 추천 도서로 선정됐습니다.

옮김 정영임
두 아이와 그림책을 읽으며 울고 웃다가, 점점 그림책에 빠져 어린이책 번역의 길을 걷게 됐습니다.
서울여자대학교 경영학과를 졸업하고, 서울교육대학교 Young Leaner TESOL과 한겨레 어린이책 번역 작가 과정을 수료했습니다.
옮긴 책으로 《엄마! 엄마!》가 있습니다.

캐서린과 캐서린의 딸들, 그리고 별에 관심 있는 모든 이들에게
-헬레인 베커

메들린, 오드리, 사브리나 그리고 다른 모든 이들에게
-도우 푸미루크

똑똑한 책꽂이 27
캐서린은 어떻게 아폴로 13호를 구했을까?
우주 수학자 캐서린 존슨의 도전

1판 2쇄 발행 2022년 05월 10일 | 1판 1쇄 발행 2021년 11월 11일
글 헬레인 베커 | 그림 도우 푸미루크 | 옮김 정영임
펴낸이 김상일 | 펴낸곳 도서출판 키다리
편집장 위정은 | 편집 정명순 | 디자인 송지선 | 마케팅 신성종 | 홍보 장현아 | 관리 김영숙
출판등록 2004년 11월 3일 제406-2010-000095호 | 제조국 대한민국 | 사용연령 5세 이상
주소 경기도 파주시 심학산로 10 | 전화 031-955-9860(대표), 031-955-9861(편집) | 팩스 031-624-1601
이메일 kidaribook@naver.com | 블로그 blog.naver.com/kidaribook
ISBN 979-11-5785-533-9(77400)

COUNTING ON KATHERINE: HOW KATHERINE JOHNSON SAVED APOLLO 13
by Helaine Becker, illustrated by Dow Phumiruk
Text copyright © 2018 by Helaine Becker
Illustration Copyright © 2018 by Dow Phumiruk
All rights reserved.
This Korean edition was published by Kidary Publishing Co.
in 2021 by arrangement with Helaine Becker c/o Susan Schulman,
A Literary Agency and Henry Holt and Company through KCC(Korea Copyright Center Inc.), Seoul.
Henry Holt® is a registered trademark of Macmillan Publishing Group, LLC.

· 이 책의 한국어판 저작권은 ㈜한국저작권센터(KCC)를 통한 저작권자와의 독점 계약으로 키다리 출판사에 있습니다.
· 저작권법에 의해 한국 내에서 보호를 받는 저작물이므로, 무단전재와 무단복제를 금합니다.
· 잘못된 책은 구매하신 곳에서 교환할 수 있습니다.

캐서린은 어떻게 아폴로 13호를 구했을까?

우주 수학자 캐서린 존슨의 도전

헬레인 베커 글 도우 푸미루크 그림 정영임 옮김

킨더리

캐서린은 수를 세는 걸 좋아했어요.

집을 나서며 계단 개수를 세고,

교회로 올라갈 때도 계단 개수를 세었어요.

새하얀 싱크대에서
설거지할 때면 접시와
숟가락 개수를 세었고요.

캐서린이 세지 않는 건 오로지 하늘에 있는 별들뿐이었어요.

캐서린은 '어리석은 사람이나 별을 세 보겠지!'라고 생각했지요.

그렇지만 반짝이는 별들은 캐서린의 상상력을 반짝반짝 빛내 주었어요.

'우주에는 무엇이 있을까?'
캐서린은 수와 우주는 물론, 다른 모든 것들도 몹시 알고 싶었어요.

캐서린은 끝없는 호기심 덕분에
학교에서 가장 뛰어난 학생이 되었어요.
아주 똑똑해서 세 학년을 건너뛰기도 했어요.
결국 오빠보다 더 높은 학년이 되었지요.
(오빠는 이 일을 별로 달가워하진 않았어요.)

캐서린은 열 살이 되자
고등학교에 갈 실력이 되었어요.

그런데 그 시절 미국은
인종에 따라 다닐 수 있는 학교를
법으로 정하고 있었어요.

캐서린이 사는 동네의 고등학교에서는
흑인 학생을 받아 주지 않았어요.

캐서린은 불같이 화가 치밀었어요.
끊임없이 배우고 싶고,
여전히 알고 싶은 것이 아주 많았거든요.

아빠가 캐서린에게 말했어요.

"나를 믿어 보렴."

웨스트버지니아주 화이트 설퍼 스프링스

아빠가 밤낮으로 일하며 애쓴 덕분에 캐서린의 가족은
흑인 고등학교가 있는 마을로 이사할 수 있었어요.

웨스트버지니아주 인스티튜트

캐서린은 고등학교를 다닐 수 있어서 정말 좋았어요.

모든 과목에 좋은 점수를 받았지만, 여전히 가장 좋아하는 과목은 수학이었지요.

캐서린은 수학자가 되어 우주의 기초인 수의 규칙성을 연구하고 싶었어요.

하지만 그 당시에는 여자가 수학자가 되어 일할 수 있는 마땅한 자리가 없었어요.

여자가 가질 수 있는 직업은 선생님이나 간호사뿐이었어요.

캐서린은 초등학교 선생님이 됐어요. 가르치는 일을 좋아했고 학생들을 사랑했지요.

그래도 수학자가 되겠다는 꿈을 절대 포기하지 않았어요.

1950년대에 미국 국립 항공 자문 위원회(NACA)는
수천 명의 직원을 새로 뽑았어요.
게다가 수학자들로 흑인 여성들을 뽑기 시작했어요.

랭글리 항공 연구소
버지니아주 햄프턴

캐서린은 수학자를 뽑는다는 소식을 듣자
심장이 마구 뛰기 시작했어요.
어쩌면 자신의 꿈이 이뤄질 수 있을 테니까요.
하지만 캐서린이 지원했을 때는
이미 자리가 다 찬 뒤였어요.
캐서린은 꼬박 1년을 기다려야만 했지만
기다린 보람이 있었어요.
마침내 일자리를 구했거든요.

몇 년 후, 구소련이 우주로 우주선을 보내는 데 세계 최초로 성공했어요. 구소련과 '우주 개발 경쟁'을 벌이던 미국은 미국 국립 항공 자문 위원회(NACA)를 새로운 우주 기관인 미국 항공 우주국(NASA)으로 합쳤어요. 캐서린은 이제 미국 우주 프로그램 중심에 있게 됐어요.
그곳에서 캐서린은 길고 복잡한 수를 계산하는 '인간 컴퓨터'로서 일했어요. (그 당시에는 아직 전자 컴퓨터가 널리 쓰이지 않았답니다.)
인간 컴퓨터는 모두 여자였어요. 여자들에게는 남자들 생각에 지루하고 중요하지 않다고 여기는 일들이 맡겨졌어요. 캐서린은 신경 쓰지 않았어요. 자신의 도움 없이는 우주선이 목적지에 도달할 수도, 지구로 안전하게 돌아올 수도 없다는 것을 알았거든요.

우주로 우주선을 보내는 건 공중으로 공을 던지는 것과 같아요.

처음에는 공을 던지는 힘이 공을 위로 쭉 보내요.

하지만 그 힘이 사라지면 공은 곡선을 그리며 바닥으로 떨어져요.

공을 어떤 각도로, 얼마나 높이, 얼마나 빠르게 던지는가에 따라

공이 떨어지는 위치가 정해져요.

우리가 생각이나 느낌을 말이나 글로 소통하듯이, 수학은 숫자로 소통할 수 있어요.

그래서 캐서린은 숫자로 이런 질문을 했어요.

"우주선이 얼마나 높이, 얼마나 빠른 속력으로 갈 수 있을까?"

그러면 숫자들은 우주선이 착륙하는 위치를 답해 줬어요.

캐서린은 계산한 숫자들을 그래프용지에 점으로 표시했어요.
그 점들을 이으면 곡선이 되었어요.
선의 한쪽 끝은 지구에서 우주선이 발사되는 위치였고
다른 쪽 끝은 우주선이 지구에 착륙하는 위치였지요.

캐서린은 정확한 계산과 강한 리더십으로 좋은 평가를 받았어요.
(질문을 많이 하기로도 유명했답니다!) 결국 캐서린은 미국 최초로 우주로
우주 비행사를 보내는 계획인 '머큐리 계획' 팀에 선발됐어요.

머큐리 계획은 아주 위험했어요.
얼마나 위험했는지 가장 뛰어난 우주 비행사인
존 글렌조차 컴퓨터가 계산한 비행경로를
캐서린이 맞다고 확인해 주지 않으면
비행을 거절할 정도였어요.
캐서린은 말했어요.
"저를 믿어 보세요."
글렌이 탄 우주선 프렌드십 7호는 지구를
세 번 돌고 무사히 지구로 돌아왔어요.
글렌은 국민 영웅이 되었어요.

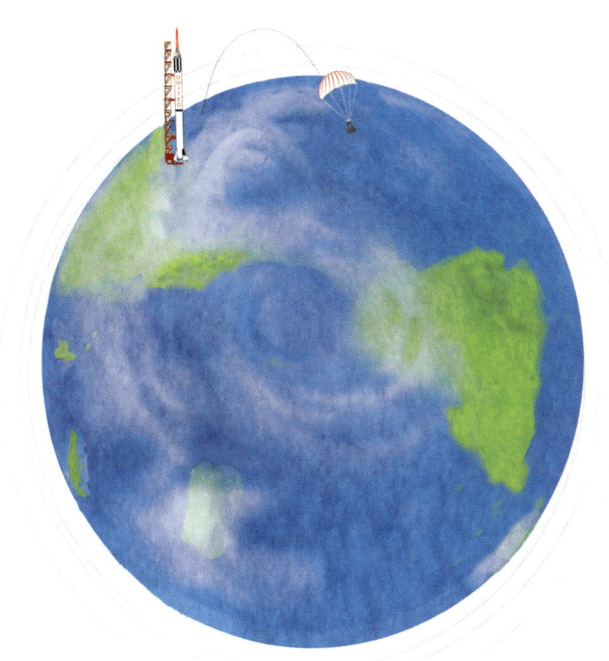

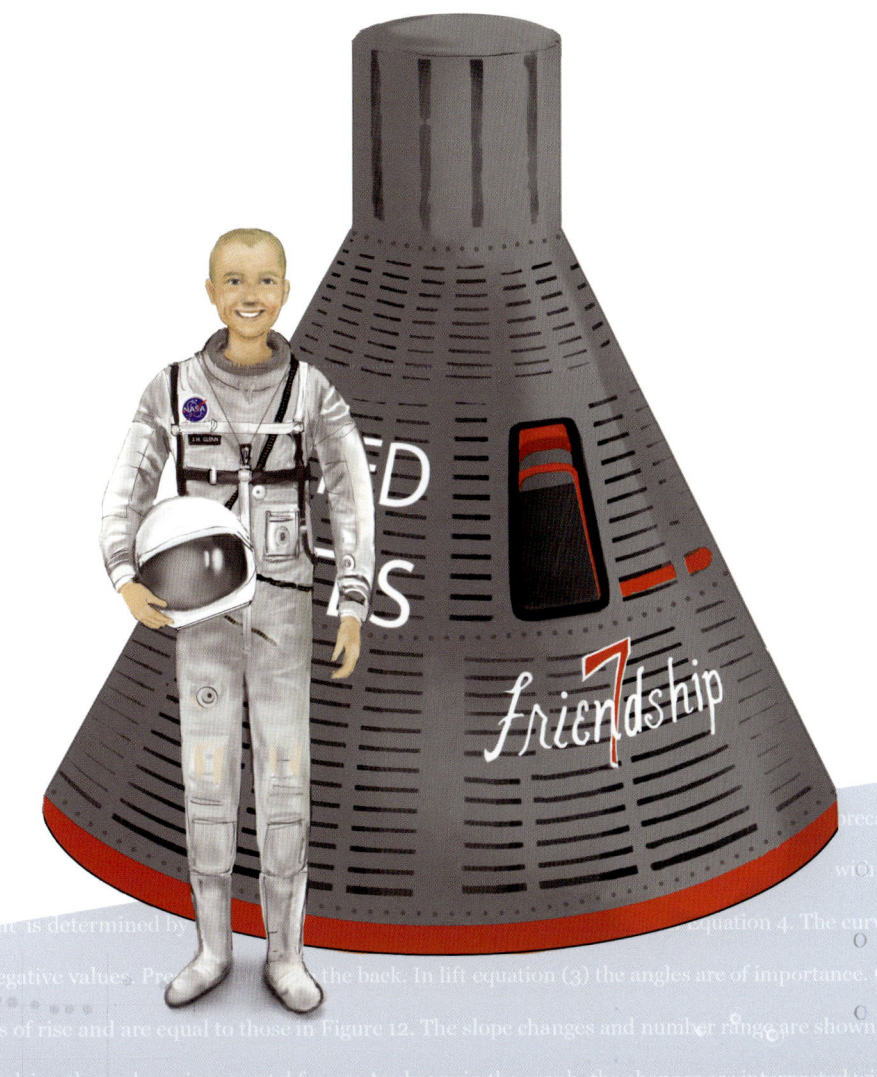

캐서린은 더 중요한 역할을 하는 자리로 갔어요.
최초로 달에 인류를 보내는 '아폴로 계획'의
비행경로를 계산하는 일을 맡게 됐어요.
캐서린은 말했어요.
"저를 믿어 보세요."

1969년 7월 20일,
아폴로 11호의 우주 비행사들이 달 표면을 걸었어요.
전 세계 사람들이 그들의 업적을 축하했어요.

그 뒤로 더 많은 성과들이 생겼어요.
1969년 11월에는 아폴로 12호가 달로 날아갔어요.

1970년 4월 11일, 아폴로 13호가 발사됐어요.
그런데 비행 셋째 날, 최악의 사건이 벌어졌어요.
우주에서 우주선 일부가 폭발한 거예요!

망가진 우주선으로 달까지 갈 수 있을까요?
달까지 갈 수 없더라도, 지구로 돌아올 수는 있을까요?
우주선에 탄 세 명의 우주 비행사 목숨이 위험했어요.

짐 러벌 선장이 관제 센터에 말했어요.
"휴스턴, 문제가 생겼어요."

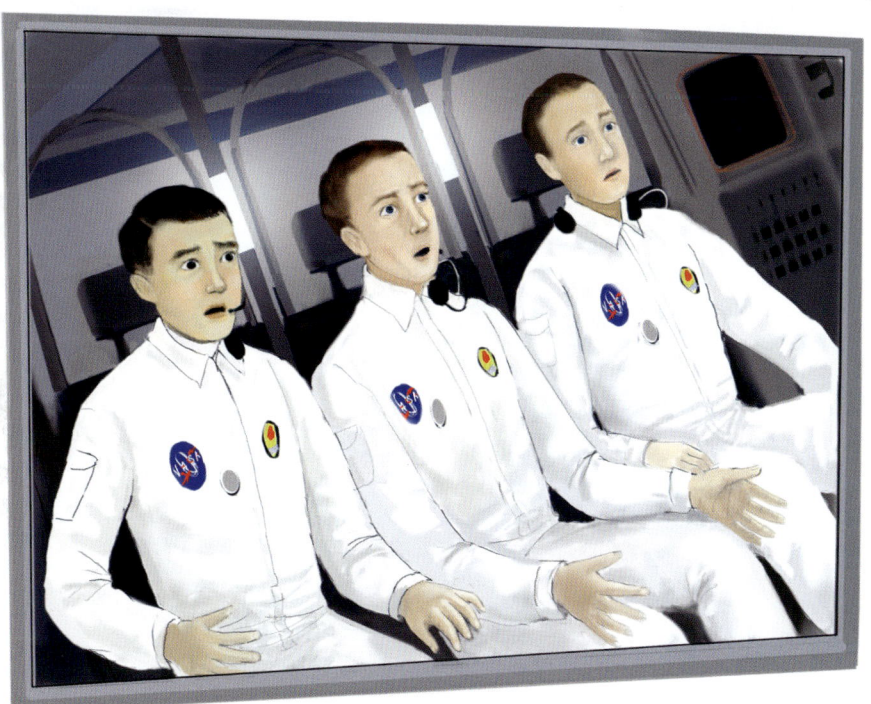

곧이어 캐서린은 전화 한 통을 받았어요.
캐서린은 비행경로를 전부 다시 계산해야 했어요. 완벽하게 말이죠.
캐서린의 인생에서 가장 어려운 도전이었어요.
캐서린은 관제 센터에 말했어요.
"저를 믿어 보세요."
캐서린은 소매를 걷어붙이고 숨을 깊게 들이마신 뒤
계산을 하기 시작했어요.

캐서린은 열심히, 빠르게 계산했어요.

몇 시간이 지나서야 겨우 계산을 끝낼 수 있었어요.

캐서린이 계산한 비행경로는 달의 뒤편으로 돌아오는 거였어요.

달의 중력을 이용해 우주선이 지구로 돌아올 수 있도록 하는 거예요.

아폴로 13호 비행사들은 정확한 간격을 두고 연료를 쓰면서

캐서린이 계산한 비행경로를 정확하게 따라야 했어요.

만에 하나 실수라도 한다면 우주선은 우주를 영원히 떠돌게 되는 거였지요.

캐서린은 우주 비행사들의 연락을
초조하게 기다렸어요.
드디어 확성기 너머로 지지직거리는 소리가 났어요.
"우리가 해냈어요!"
아폴로 13호는 지구를 향해 날아왔어요.

캐서린이 해낸 거예요. 위험에 처한 아폴로 13호를 무사히 지구로 데려왔지요.
캐서린은 더 이상 별 너머로 무엇이 있는지 궁금해하는 아이가 아니었어요.
이제는 캐서린 자신이 별처럼 빛났답니다.

캐서린 존슨에 대해

캐서린 존슨은 웨스트버지니아주 화이트 설퍼 스프링스에서 1918년 8월 26일에 태어났어요. 엄마가 선생님이었기에 당연히 캐서린도 커서 선생님이 될 거라고 생각했어요.

캐서린은 어린 시절부터 아주 영리했어요. 초등학교를 2학년으로 입학했고, 나중에는 다섯 학년을 건너뛰었어요.

캐서린은 열네 살에 고등학교를 마치고, 열여덟 살에 웨스트버지니아 주립 대학교를 졸업했어요. 그 뒤로 버지니아주 매리언에서 수학 선생님으로 일했어요. 캐서린은 학생들을 가르치는 걸 뿌듯해했고 학생들이 서로에게 배울 수 있도록 북돋아 줬어요.

"저는 학생들이 짝을 찾아 서로 돕게 했어요."

1953년, 캐서린은 미국 국립 항공 자문 위원회(이후에 미국 항공 우주국(NASA)이 된다.) 랭글리 항공 연구소에서 '인간 컴퓨터'로 일했어요. 그곳에 뿌리 깊이 박힌 성차별을 이겨 내기 위해서는 수학 능력을 발전시킬 뿐만 아니라 더 많은 것을 해내야 했어요.

"우리는 그 당시에 여성으로서 당당하며 적극적이어야 했어요."

그럼에도 불구하고, 캐서린은 연구팀 회의에 참석하지 못했어요. 남자들만 참석했지요.

"제 질문들에 대답하기 지친 남자 연구원들은 결국 절 회의에 참석시켰어요."

1958년, 미국은 구소련과의 경쟁에서 이기려고 자체 항공 프로그램에 매달렸어요. 캐서린은 자신의 팀이 미국 항공 우주국(NASA)에 통합되자 항공 우주 연구원으로 일했어요. 1960년대 후반까지 인간을 달로 보내기 위해 미국 항공 우주국에서 일한 사람들은 4십만 명 이상 된다고 추정해요.

캐서린은 말했어요.

"우주로 가겠다는 생각 자체가 새롭고, 대담한 거였죠. 우주 비행 교본도 없어서 우리가 만들어야 했어요. 첫 우주 비행 교본은 우리가 손으로 직접 썼어요."

캐서린은 복잡한 계산을 손과 머리로만 해냈어요. 1961년이 되자 전자 컴퓨터가 널리 쓰이기 시작했지만, 존 글렌을 포함해서 많은 사람들은 컴퓨터로 계산한 결과를 믿지 않았어요. 캐서린은 존 글렌이 했던 말을 잊지 못해요.

"캐서린을 불러 주세요! 캐서린이 그 계산이 맞다고 하면, 비행할게요!"

그렇지만 캐서린은 단지 많은 정보를 빠르게 처리하는 역할에만 머무르지 않고, 스스로 생각하고 능동적으로 행동했어요. 그 결과, 우주선이 고장 나 직접 운전해야 할 경우, 별을 길잡이로 삼아 지구로 돌아올 수 있는 차트를 만들었어요.

캐서린은 미국의 우주 프로그램 발전에 큰 도움을 준 중요한 인물이에요. 앨런 셰퍼드의 첫 우주 비행 궤도를 계산하고 우주 캡슐과 달 착륙선의 궤도도 생각해 냈어요. 캐서린은 우주 비행의 이론적 기초가 담긴 획기적인 연구 보고서를 포함해서 과학 논문 26개에 이름을 올렸어요.

연구 후반에는 우주의 천연자원과 지구의 지하 광물을 찾아내는 우주 비행선과 인공위성 프로젝트를 연구했어요. 2015년에는 미국 대통령에게 자유 훈장을 받았지요.

이렇게 많은 걸 이뤄 냈지만 캐서린은 사람들이 자신의 업적을 치켜세우는 걸 전혀 좋아하지 않았어요. 바로 이런 이유로 말이죠.

"항상 우리는 팀으로 일했기 때문에 단순히 저 한 사람만의 성취가 아니었어요."

날짜 : 8월 26일
오늘 생일인 친구 : 캐서린

23~29 단원

① 풀이 $(2x-4)^5$
$= (2x)^5 + 5(2x)^4(-4)^1$
$+ 10(2x)^3(-4)^2 + 10(2x)^2(-4)^3$
$+ 5(2x)^1(-4)^4 + (-4)^5$

$= 32x^5 - 320x^4 + 1280x^3$
$- 2560x^2 + 2560x - 1024$

② $x^2 + 6x + 9, x = 3$
$3^2 + 6(3) + 9$
$9 + 18 + 9 = 36$ ←

③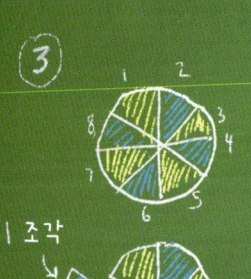

1조각

케이 선생님이 학교 소풍에 파이 3개를 가지고 왔습니다. 3개의 파이를 각각 8조각으로 나누었습니다. 소풍에 간 학생은 모두 19명입니다. 학생들 모두가 파이를 한 조각씩 먹는다고 하면 파이는 몇 조각이 남을까요?

$8 \times 3 = 24$ 조각
$24 - 19 = 5$
남은 개수 = 5 조각

④ $\sum_{k=0}^{3}(7-3k)$
$\sum_{k=0}^{3}(7-3k) = (7-3(0)) +$
$(7-3(1)) + (7-3(2)) + (7-3(3))$
$\quad k=1 \quad\quad k=2 \quad\quad k=3$
$= 7 + 4 + 1 - 2 = 10$

⑤ $-4(-2-x) = 5x+6$
$8 + 4x = 5x + 6$
$2 + 4x = 5x$
$2 = x$

⑥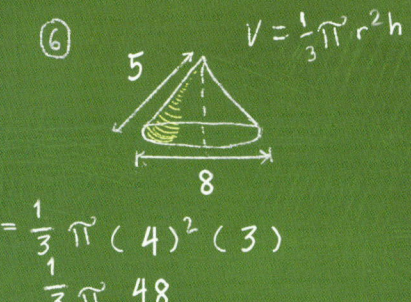
$V = \frac{1}{3}\pi r^2 h$
$= \frac{1}{3}\pi (4)^2 (3)$
$= \frac{1}{3}\pi \cdot 48$
$= 16\pi$

⑦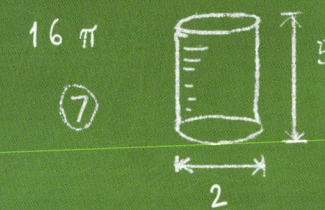
$V = \pi r^2 h$
$= \pi (1)(5)$
$= 5\pi$

⑧ $x^2 = 5x - 4$
$x^2 - 5x + 4 = 0$
$(x-1)(x-4) = 0$
$x = 1 \text{ or } 4$

⑨ $(5x^2 + 4x - 6)$
$- (3x^2 - x +$
$= 5x^2 + 4x - 6 - 3x$
$= (5x^2 - 3x^2) +$
$(4x + x) + (-6$
$= 2x^2 + 5x - 8$

연습 문제

문제 1

$4x^6(3x^2 + x - 1) =$
$4x^6(3x^2) + 4x^6($
$- 4x^6(1)$
$= 12x^8 + 4x^7 - 4x^6$

아이스크림의 부피를 구하시오.

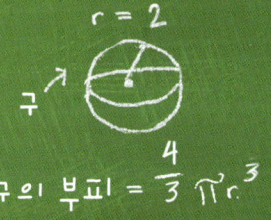
$r = 2$
구
구의 부피 = $\frac{4}{3}\pi r^3$

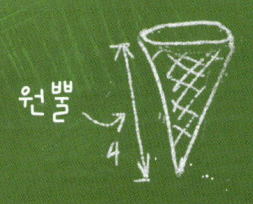
원뿔
4
원뿔의 부피 = $\frac{1}{3}\pi r^2 h$